ROUSSEAU

N'A-T-IL RIEN FAIT POUR SA PATRIE?

OU

DÉMONSTRATION

DU CERCLE VICIEUX, DANS LEQUEL TOURNE L'OPINION, AUSSI ERRONÉE QUE DÉSHONORANTE POUR LES GENEVOIS, QUE PROFESSE SUR CETTE QUESTION UN PROFESSEUR DE NOTRE ACADÉMIE.

Mon cœur a saigné lorsque j'ai su qu'il avait pris la plume contre Rousseau.

Page 5.

GENÈVE,

CHEZ D. DUNANT, LIBRAIRE-ÉDITEUR,
ET AGENT D'ENTREPRISES RELATIVES A LA LITTÉRATURE ET AUX BEAUX-ARTS,
Tour de l'horloge du Molard.

IMPRIM.ᵉ DE LUC SESTIÉ.

1828.

ROUSSEAU

N'a-t-il rien fait pour sa patrie?

———

Parce que le soleil ne luit pas uniquement pour une seule région du globe terrestre ; parce que le Christianisme ne répand pas ses bienfaits sur un peuple seul, serait-il conséquent de dire que les habitans d'un pays quelconque n'ont aucune obligation à l'Être Suprême qui les fait jouir des avantages de la lumière et d'une fécondante chaleur, et que le peuple Chrétien qui l'habite ne lui doit aucune reconnaissance pour l'inappréciable trésor des vérités consolantes de la Révélation ? Non : certes, qui le prétendrait, serait à juste titre regardé comme faisant un faux raisonnement.

C'est cependant dans un cercle aussi et plus vicieux encore, que tourne l'opinion, aussi erronée que déshonorante pour les Genevois, que *professe* un honorable Professeur de notre Académie, dans une brochure qu'il a publiée, sur la question qu'il élève, de savoir si Rousseau a rendu à la ville de Genève des *services suffisans* pour qu'elle lui fasse hommage d'un monument public qui atteste sa gratitude. Il y a même dans la solution négative de M. le Professeur, une circonstance plus aggravante que dans l'affirmative que l'on donnerait sur les deux premières questions, c'est que *Rousseau est né à Genève ;* or, si cette ville ne lui doit pas *particulièrement* de la reconnaissance, qui lui en devra ?

Avouons-le, toute la terre, toute l'étendue du monde intellectuel, lui en doivent, car qui a reculé plus éminemment que lui, les bornes de l'entendement humain ? Mais parce que c'est un génie universel, prétendre que sa patrie ne lui doit aucun hommage éclatant, sous le ridicule prétexte qu'il n'a rien fait *en particulier* pour elle, équivaut à nier les bienfaits du soleil ou du Christianisme. S'est-il jamais échappé une opinion plus erronée de la plume d'un académicien ? Comment s'en rendre compte ? Comment le concevoir autrement qu'en y voyant une nouvelle preuve que les grandes lumières du genre humain, les hautes conceptions du génie, ne sont jamais émanées, ou seulement par une exception qui prouve la règle, du sein d'une Académie, d'une Société savante quelconque ?

Pour ne parler que des modernes, Newton, Calvin, Raphaël, Christophe Colomb, Guillaume-Tell, Dante, lord Byron, Rousseau enfin, étaient-ils académiciens ? Ne nous étonnons donc pas que le bonnet doctoral n'ait aucun privilége exclusif, et qu'au contraire il fasse quelquefois rétrograder l'esprit humain.

J'en suis vraiment fâché pour ce Professeur, dont le patriotisme, l'esprit républicain, le caractère moral, les connaissances littéraires, le mérite enfin, sont aussi honorables qu'exemplaires ; mais malheureusement de pareilles anomalies ne sont pas rares. Je le déclare, mon cœur a saigné, lorsque j'ai su qu'il avait pris la plume contre Rousseau.

J'en suis vraiment fâché pour l'honneur de notre Académie ; j'en suis vraiment fâché pour celui de la patrie ; mais j'aime à croire que M. le Professeur, par son sophisme, a voulu assurer un entier triomphe à Rousseau et dissiper tous les nuages, certain qu'il serait lui - même victorieusement réfuté.

Cependant, comme le mal est fait et que je n'ai aucune preuve matérielle qu'il ne le soit pas *intentionnellement;* qu'au contraire, j'ai celle-ci qui n'est combattue que par une induction intellectuelle ; qu'ainsi mes doutes peuvent être mal fondés, et que, dans tous les cas, la réfutation est nécessaire, même pour remplir les vues cachées de M. le Professeur, si elles existent, j'ai surmonté mes scrupules : j'ai pensé que la circonstance est trop grave pour garder le silence. D'ailleurs, n'ayant point eu le déplaisir de pâlir sur les bancs de l'Auditoire, ni l'honneur de passer sous la férule de M. le Professeur, je ne dois hommage qu'à la vérité, et je puis le rendre à celle-ci sans encourir aucun blâme. Enfin, les considérations de toute espèce qui peuvent enchaîner les meilleurs Citoyens, ceux qui sont le plus indignés contre M. le Professeur, sont nulles pour moi.

Il m'est cependant très pénible de réfuter un Citoyen qui a tant de titres à la considération publique ; mais c'est par cette raison ; c'est à cause du danger et de l'influence *inévitable* de son sophisme, que je dois le combattre : sauf à être moi-même écrasé si je succombe ; il y aura alors au moins quelque dévouement de ma part d'avoir suivi et satisfait mon impulsion naturelle, et ce sentiment me consolera.

Oui ! elle a porté son coup cette fatale opinion de M. le Professeur, *que Genève ne doit rien à Rousseau :* plusieurs Citoyens qui se proposaient de souscrire pour lui élever une statue, y ont renoncé. Je le sens, il faut un courage surnaturel, le profond sentiment de l'humiliation nationale qui résulterait de ce sophisme, et une intime conviction de ma part, pour entrer en lice, lorsqu'on a d'aussi faibles titres que moi pour donner du poids à une réfutation; mais j'espère que la force de la vérité y suppléera, et que comme son triomphe lui sera dû sans partage, l'influence n'en aura que plus de succès. Si je ne dois convaincre personne, l'honneur seul de n'être pas confondu, *par mon silence*, parmi les détracteurs de Rousseau, me suffira.

Quoi ! l'on n'élèverait des statues qu'aux grands hommes, qui n'ont de titres à cet honneur que parce qu'ils ont été directement et exclusivement utiles à leur patrie, et nous ne devrions rien à ceux qui ont bien mérité de l'humanité entière? Quelle ingratitude et quel égoïsme national !

Dans ce système, Newton et Byron n'auraient aucune statue en Angleterre, Colomb et Dante, en Italie, Calvin et *Rousseau*, à Genève ! Qui leur en élèvera donc? Les Français ou les Chinois : réellement je ne vois pas lequel de ces deux peuples aurait plus de raisons pour le faire. Je conçois que la première de ces deux nations, par l'état de ses lumières, profite plus que la seconde, des avantages que Newton,

Colomb, Rousseau, etc. ont acquis à l'humanité entière ; mais si tous les peuples étaient, comme ils y ont droit, également éclairés, quel motif aurait l'un plutôt que l'autre de leur en élever ? Aucun ne le ferait, et il est plausible qu'aucun ne le fait. Cependant les Français refuseraient-ils, s'il en était question, d'élever une statue à Fénélon ; et les Chinois, à Confucius, les deux plus moralement utiles et les deux plus vertueux génies des deux pays ?

Je conçois encore que dans un Royaume, les intérêts de l'État, ou sa politique, engagent le Souverain à ne laisser élever des statues qu'à des princes de sa dynastie ou à des grands hommes qui leur ont rendu d'éminens services ; mais dans une République doit-il en être de même ? Je prouverai, s'il le faut, que dans un Royaume, cette exclusion des bienfaiteurs universels de l'humanité est un immoral abus, une conséquence des vices de l'état social actuel.

Je demanderai à M. le Professeur, qui connaît Socrate et Homère mille fois mieux que moi, s'il soutient son sophisme jusqu'à prétendre que ces grands génies n'ont rien fait pour la Grèce, et ce qu'ils ont fait de plus pour elle que Rousseau pour Genève : s'il serait indifférent pour elle qu'ils eussent existé ou non ? Socrate fut-il plus utile à toute la Grèce, qu'à Athènes; Homère, à l'Univers entier qu'à la Grèce? Non, c'est pourquoi Athènes a élevé des statues à Socrate; la Grèce, à Homère : Léonidas ne les a pas obtenues exclusivement.

Oui! Berthelier et Lévrier, illustres martyrs de l'indépendance genevoise, vous méritez comme Léonidas, comme Marco Botzaris, des statues: avant M. le Professeur, j'ai réclamé ce juste hommage de notre reconnaissance, dans les *Souvenirs Genevois*, pag. 67 et 68, pour les fondateurs de nos libertés et pour nos *bienfaiteurs*, mot remarquable sous sa plume, puisqu'il leur accorde une statue, et que bien loin de pouvoir contester ce titre à Jean-Jaques, je prouverai qu'il en est le plus grand.

Certes, nous ne pouvons exclure de cet honneur Calvin et Rousseau : ils sont au premier rang de nos bienfaiteurs intellectuels; à moins que nous ne dressions, de préférence ou exclusivement, des autels aux fondateurs et aux défenseurs de la patrie, à des services, en quelque sorte *matériels*. En exclurions-nous même Lefort et Necker? en exclurions-nous tant d'autres qui méritent au moins des bustes, si nous étions aussi justes que reconnaissans pour le lustre qu'ils ont acquis à leur patrie, pour leurs bienfaits moraux, n'importe si c'est *chez elle*, *pour elle* ou dans l'étranger et pour eux-mêmes, distinctions ridicules et bien peu libérales. Je conçois cependant qu'à l'égard de ces deux derniers, nous puissions sans ingratitude laisser ce soin aux peuples qu'ils servirent ; j'accorderai même qu'il y ait peut-être des motifs plausibles pour différer le moment d'honorer Calvin comme il le mérite, d'autant plus qu'il n'est pas né à Genève ; mais Rousseau, quel mortel réunit jamais plus de titres que lui à ce privilége, même exclusif, s'il le faut?

Si la France élève de préférence des statues à Henri IV, à Louis XIV, au grand Condé, à Turenne, etc. qu'à Fénélon, Pascal, Racine, Molière, Montesquieu, Voltaire, etc., j'en ai dit la raison ; mais devons-nous suivre servilement un exemple qui nous est inapplicable? Si nous n'avons pas des Henri IV et des Condé, nous avons plus que cela, même plus que des Fénélon, des Pascal, des Racine, des Molière, des Montesquieu, et des Voltaire : nous avons Rousseau.... Oui! Rousseau, à lui seul, a rendu de plus grands services qu'eux à sa patrie, à l'humanité entière ; il l'honore plus qu'aucun des grands génies de la France, et nous hésiterions.....! Hélas! pour couronner un tyran on n'hésite pas.

Que l'on trouve partout l'éloge et le buste d'un insensé et trop encensé conquérant; que partout son portrait frappe douloureusement la vue, et dans les livres et dans les gravures; que partout il soit peint en pied, et de la main des plus grands maîtres; que partout les Français aient, dans un temps, été appelés à saluer sa statue colossale, et que je puisse à peine m'agenouiller devant le buste imperceptible du vertueux Fénélon, que cela prouve-t-il? l'aveuglement humain, et voilà tout. Napoléon, cependant, rougit la terre du sang de ses contemporains qui l'honorèrent comme un être presque surnaturel, tandis que Fénélon ne trouva de bonheur que dans celui de ses semblables. O hommes insensés! quand cesserez-vous d'élever des autels à vos bourreaux et vous montrerez-vous reconnaissans pour vos bienfaiteurs?

Combattons courageusement une si funeste tendance de l'esprit humain; ramenons-le s'il le faut, par notre exemple, dans les honorables sentiers de la moralité, appliquée aux actes politiques et nationaux; c'est ainsi que nous préviendrons, autant du moins qu'il est en notre pouvoir, les abus de l'autorité et l'égarement où les passions jettent les peuples comme les simples citoyens.

Que l'on n'élève désormais de statues qu'aux bienfaiteurs de l'humanité, à Marc-Aurèle, à Titus, à Henri IV, à Sully, à Newton, à Fénélon, à Guillaume-Tell, à Washington, à *Rousseau....!* Mais qu'on les leur élève, chez toutes les nations, et que chacune d'elles en érige particulièrement, en seconde ligne, à ses bienfaiteurs *exclusifs*, et nous rentrerons dans l'ordre naturel des choses : le monde, le bon sens, la justice, ne seront pas renversés; et, au moins sous ce rapport, l'ordre moral tournera sans obliquité sur son axe. Voulant me rendre compte de son anomalie, il y a long-temps que j'ai pensé que la déclinaison de l'axe du globe sur le plan de l'écliptique rendait impossible, par sa fâcheuse influence et en vertu de celle qu'exerce généralement le physique sur le moral, la marche de l'esprit humain sur la droite ligne, et que cela expliquait suffisamment le désordre moral qui domine sur la terre. Ne peut-on pas augurer que c'est la cause directe qui autrefois fit condamner les œuvres de notre illustre Concitoyen à passer dans les flammes, par la main du bourreau, et qui cette année a une semblable influence sur l'esprit de M. le Professeur?

Il me reste à prouver que Rousseau tient le premier ou l'un des premiers rangs parmi les bienfaiteurs de l'humanité, à qui tous les peuples doivent un éminent hommage, et à plus forte raison sa patrie, à moins que l'opinion de M. le Professeur ne soit pas un sophisme. Cela posé, j'ose croire que les Genevois en masse repousseront l'opinion déshonorante qu'ils ne lui doivent rien, et qu'ils s'empresseront de lui élever la statue projetée.

Je m'occupe d'un travail étendu, dont le but est d'éclairer le public sur les véritables titres du géant de la philosophie moderne à l'immortalité, et de réfuter tous les reproches qui lui sont faits. Il est nécessaire pour cela d'entrer dans des développemens que ne comporte point un écrit éphémère, comme celui-ci. En conséquence, je supplie instamment mes Concitoyens, et particulièrement ceux qui voulaient souscrire pour la statue et en ont été détournés ou qui le seraient, par les brochures qui paraissent en opposition, de vouloir bien suspendre cette dernière décision et de conserver, *provisoirement*, leur bonne volonté, si du moins mes réflexions et leur propre jugement n'ont pas suffi pour les confirmer dans leur louable intention.

Je me bornerai donc à esquisser le plan que j'ai suivi pour démontrer l'influence et les bienfaits de Rousseau sur le siècle et la génération actuels : par conséquent, son utilité directe. J'ai déjà donné un précis de celle-ci dans les *Annales du Zoophilisme*, pag. 31 et suivantes, où je renvoie au besoin les lecteurs.

Je pose d'abord en principe que ce n'est point avec le microscope des théologiens, qui ne doivent cet honorable titre qu'aux fonctions ecclésiastiques dont ils sont revêtus, qu'il faut juger la grandeur colossale de Rousseau et le degré élevé qu'il occupe dans l'échelle intellectuelle : il n'est le Pontife d'aucune secte, le Chef d'aucune association religieuse. Ce n'est point non plus avec celui des docteurs, revêtus de la robe doctorale et tenant la férule scolastique : Rousseau ne s'assit jamais sur les bancs de l'école et n'a rien de commun avec le pédantisme. *Indè ira : qui potest, intelligat....!*

Les grands génies bouleversent les traditions classiques; désorientent les routines, les systèmes reçus ; rompent les chaînes dont l'école a héréditairement le privilége d'enlacer l'intelligence *naturelle* de ses élèves ; détruisent les préjugés et les erreurs ; déracinent les vices de l'organisation sociale qui favorisent les intérêts de corps, les priviléges et l'asservissement des esprits à certains dogmes, certains droits, certains usages, dont les Citoyens revêtus des fonctions publiques et les législateurs n'ont pas toujours pu préserver les peuples, lorsque l'on en a abusé. Ils travaillent libéralement dans le seul intérêt de l'humanité entière ; il est seulement fâcheux que celle-ci soit si aveugle sur ses vrais intérêts et méconnaisse ses *bienfaiteurs*.

Sera-ce avec le microscope des esprits à courtes vues, des âmes timorées, qu'il faut apprécier Rousseau ? non, car son génie se cache pour eux dans les nues, et son cœur ne fut point corrompu par les préjugés et les vices de la Société : il fut l'enfant et l'élève de la nature qui lui dévoila directement les principes universels de l'ordre moral. Prendrons-nous donc, pour irréprochable, le jugement des hommes en place, des grands de la terre, des rois ? non : il n'est point leur courtisan. Il ne peut être apprécié que par des hommes libres, vertueux, éclairés ; mais simples, réfléchis, rapprochés de la nature et surtout juges intègres des erreurs, des préjugés, des intérêts et de la corruption inhérans à l'état social, tel que l'enfance et l'inexpérience du genre humain l'ont constitué.

Passons au point décisif : celui de l'utilité directe qu'on lui conteste et sans laquelle il serait indigne de la statue, selon M. le Professeur. *Rousseau naquit à Genève :* cela suffit pour immortaliser cette cité jusqu'à la postérité la plus reculée ; à moins d'être tout-à-fait matérialiste, quel genre d'utilité aura la priorité sur celui-là ? A une époque plus ou moins éloignée, tu passeras, ô ma patrie ! mais *ton nom ne passera pas*, et l'étranger accourra sur tes ruines évoquer l'ombre de Jean-Jaques, comme il va à Rome, chercher parmi les ruines matérielles de son ancienne magnificence, des souvenirs et des preuves de l'antique grandeur de ses habitans. Genevois ! serait-il donc vrai qu'à ce titre seul vous ne devriez pas à Rousseau l'hommage le plus éminent qu'il soit possible de rendre à un mortel ?

Le nom de Genève est tellement identifié avec celui de Rousseau qu'ils sont inséparables. Qui pense à Jean-Jaques, pense à Genève, et qui parle de Genève, parle en même temps de Rousseau. Interrogeons les étrangers, et tous nous diront que ces deux noms sont aussi identiques que ceux de Newton et de l'Angleterre ; ils nous avoueront aussi, que s'ils viennent en foule visiter notre cité, s'ils y séjournent, c'est pour respirer l'air que Rousseau respira dans sa jeunesse ; pour fouler le sol qui le vit naître.

Genevois ! s'il fallait à votre reconnaissance, ce que certes je me garde bien de présumer, des bienfaits matériels et perpétuels ; s'il fallait

absolument qu'il en reste au fond du creuset
pour convaincre M. le Professeur, dites-moi, vous
et lui, si ce n'en est pas là un, tel que l'égoïsme
le plus resserré et l'idole du jour, Plutus, lui-
même, pourraient l'exiger.

Gardez-vous donc de désavouer et de méconn-
naître les bienfaits immédiats de Rousseau : il
vous a acquis l'immortalité, en l'obtenant lui-
même, et de l'or, en attirant et fixant dans vos
murs les étrangers. Les spiritualistes et les ma-
térialistes doivent être également satisfaits : ils
n'ont qu'à choisir, il y a *utilité* pour tous.

Ne vous laissez pas enlever votre fils, celui
qui a le plus honoré le beau titre de *Citoyen
de Genève*, qu'il prit avec orgueil et qu'il n'a-
bandonna et ne désavoua jamais, malgré vos torts
envers lui. Ne l'abandonnez pas aux Français, qui
ont déjà fait tant d'efforts pour vous disputer,
non l'honneur de l'avoir vu naître dans vos murs,
mais celui de s'énorgueillir de l'avoir possédé,
accueilli, adopté et classé au premier rang de
leurs grands écrivains. Ils n'ont déjà que trop
profité de votre tiédeur à son égard.

Ah! si vous hésitiez à élever sa statue, dans
une place publique, après en avoir si hautement
manifesté l'intention ; si les sophismes de M. le
Professeur séduisaient vos esprits, c'est alors, que

profitant habilement de votre aveuglement et de votre ingratitude, ils vous dépouilleraient à jamais de votre belle prérogative , en élevant eux-mêmes le monument ; en le lui dédiant, s'ils ne pouvaient le faire autrement, au fond de leurs cœurs, et en portant Rousseau, leur fils *adoptif*, aux nues , dans leurs écrits, pour vous narguer.

Genevois ! seriez-vous devenus insensibles à la véritable gloire, celle d'être, quoique un point sur le globe terrestre, le fanal du monde intellectuel , de tenir le sceptre de l'ordre moral , soit politique, soit religieux : d'avoir produit Calvin et Rousseau? Prétendriez-vous honteusement qu'ils n'ont été pour vous d'aucune utilité, que vous ne leur devez aucun hommage ? Qui prétendrait , en Angleterre , que Newton n'a rien fait pour les Anglais risquerait d'être à l'instant lapidé ; c'est que l'esprit national des Anglais est encore pur.

Voyez les Français, n'ont-ils pas élevé des statues , à Mirabeau , au Luxembourg ; à Malesherbes , au Palais de Justice , à Paris ; et à Foy, sur son tombeau , comme de justes et éclatans hommages publics rendus aux talens oratoires, à la vertu et au patriotisme ? S'il vous faut un exemple national , encore plus décisif : Zurich n'a-t-elle pas élevé un monument à Gessner, dans une promenade publique qui lui est consacrée ? Cependant, qu'a fait de plus Gessner pour Zurich que Rousseau pour Genève, et, quoique grand et l'élève de la nature aussi, n'est-il pas un nain en comparaison ? Mais Zurich sait honorer les services intellectuels et moraux. Que diront nos Confédérés, s'ils nous voient hésiter?

Genevois! dans cette occasion, prouveriez-vous qu'il ne coule plus une seule goutte du sang de vos ancêtres, dans vos veines, et devrai-je vous adresser de nouveau, comme Régulus aux Romains, ce reproche :

Nos aïeux verront-ils leur gloire démentie?
Héritiers de leurs noms, où donc est leur génie?

N'est-ce pas Rousseau, qui portant un coup mortel à l'oligarchie, par la publication du *Contrat Social* ; qui, abattant le fanatisme, par sa *Profession de foi*, vous a préservés à jamais, en préservant de même les peuples éclairés de l'Europe, de subir le sort des farouches et serviles Osmanlis, qu'un sceptre de fer peut seul gouverner; que l'étendart de Mahomet et l'intolérance de ses dogmes peuvent seuls garantir de tomber sous le joug de leurs ennemis; obliger à reconnaître et adorer le vrai Dieu?

N'est - ce pas lui, qui, en donnant le type

d'une éducation libérale et exempte de l'influence
des vices sociaux, a facilité aux hommes faits le
moyen de réformer la leur, et de conduire leurs
enfans au bonheur, en les guidant par les ins-
pirations de la seule nature ; en leur assurant
ainsi les avantages d'une liberté, fondée sur les
droits de l'homme et un culte pur ?

N'est-ce pas lui qui a appris aux mères à remplir leur devoir le plus sacré, celui d'allaiter
elles-mêmes leurs enfans ; qui nous a délivrés de
l'usage de l'homicide maillot ? Et, vous préten-
driez, ingrats sophistes, qu'il n'a rien fait pour
nous ? Ah ! j'en appelle au cœur des mères, qui
ont rempli et remplissent les vœux de la nature ;
j'en appelle à celui de tous les êtres pensans,
dont il anime et étend les facultés intellectuelles !

Rousseau, qui emprunta à la nature le secret
d'animer la statue de Pygmalion, ne transforme-
t-il pas aussi nos cœurs de marbre en autant de
temples élevés au Créateur, en faisant pénétrer
jusqu'à eux des rayons directement émanés des
flots de lumière qui environnent les intelligen-
ces célestes. Je ne crains pas d'en faire l'aveu,
si j'élève mon âme à l'Être Suprême, si ses per-
fections me confondent et m'engagent à l'adorer,
si la morale de l'Évangile fait mes délices, si je
suis Chrétien, enfin, avec conviction et fruit, si

mon intelligence a acquis du développement, s'il y a en moi quelque bien, quelque capacité, c'est à la lecture des *Œuvres de Rousseau* que je le dois, bien plus qu'aux moyens ordinaires d'instruction. Pourquoi ? c'est qu'il parle à l'homme fait ; que sa voix est celle de la nature qui s'adresse à notre cœur, qu'il surprend, qu'il émeut, qu'il dispose favorablement malgré nous, et qu'il finit, s'il y trouve encore quelque place que la corruption n'ait pas tout-à-fait gangrenée, par convaincre et subjuguer, même par ses objections contre le Christianisme, puisqu'*en résumé* il conclut en sa faveur, et que ses doutes ne sont que ceux de la philosophie qui cherche à s'éclairer ; tandis que l'on nous fait étudier la morale dans un âge trop tendre, où l'impression des exhortations orales s'efface et où elles sont trop facilement combattues par les embûches que Satan dresse à la jeunesse dès son entrée dans le monde ; où l'esprit n'est pas assez mûr pour apprécier les dogmes religieux et les principes moraux ; où notre légèreté naturelle et l'espèce de contrainte qui nous oblige à cette étude, néanmoins *indispensable*, dès notre enfance, s'opposent à notre invariable conviction, qui ne peut être que le fruit d'un examen libre et de la maturité de l'âge.

Lors donc que l'on me dit que Rousseau n'a

PROLOGUE.

SCENE PREMIERE.

LA SEINE suivie de ses Nymphes.

DEUX NYMPHES.

SORTONS, sortons de nos grottes profondes,
Ce jour pour nous est un jour glorieux.
Le Dieu qui regne sur les Ondes
Doit bientost paroistre en ces lieux.

LA SEINE.

Qu'à seconder mes soins vostre zele s'empresse,
Que vostre heureuse adresse
Donne à vos yeux un nouvel agrément :
Qu'en vos chants, qu'aux transports d'une pleine allegresse
Eclate le bonheur d'un séjour si charmant.

CHOEUR DES NYMPHES.

Qu'en nos chants, qu'aux transports d'une pleine allegresse
Eclate le bonheur d'un sejour si charmant.

Les Nymphes, par leurs Danses, expriment leur joye.

DEUX NYMPHES CHANTENT.

ON dit qu'il faut aimer les peines
Que l'amour mesle à ses douceurs :
Laissons ces biens trompeurs
A qui veut porter des chaisnes ;
Laissons ces biens trompeurs
A qui veut verser des pleurs.

La peur d'une chaisne cruelle
Ne me fait point craindre sa loy :
Mais il n'est plus de foy,
On rougit d'estre fidelle :
Mais il n'est plus de foy,
Il vaut mieux n'aimer que soy.

SCENE SECONDE.

NEPTUNE paroist suivi des Tritons. La Seine avec ses Nymphes va audevant, & luy dit.

LA SEINE.

QVelle faveur pour ces heureux climats !
Quel sujet, Dieu puissant, attire icy tes pas ?

NEPTUNE.

Je viens voir de plus prés ta gloire sans seconde,

Je viens estre à mon tour témoin de ton bonheur,
Et montrer icy quel honneur
Moy-mesme je me fais du tribut de ton onde.
C'est sur tes rivages fameux
Que le plus grand des Rois en tout ce qu'il médite
Charme par sa haute conduite
Ses Peuples qu'il rend heureux,
L'Univers qu'il étonne, & les Dieux qu'il imite.

Quel charme de le voir à son Peuple, à sa Gloire,
D'un cœur si satisfait immoler son repos,
Et faire oublier ces Heros,
Ou qu'a formez la Fable, ou que vante l'Histoire !

LA SEINE.

Que le Gange orgueilleux, jaloux d'un sort si beau,
Sur des arenes d'or roule son Onde fiere,
Que du Dieu de la lumiere
Ses flots soient le brillant berceau :
A voir ce que mes bords étalent d'abondance,
J'ay droit de mépriser tout l'or de ses sablons,
Et d'un si grand Héros l'éclat & la presence
Du Soleil à mes yeux valent bien les rayons.

TOUS ENSEMBLE.

Le bruit de sa gloire extréme
A cent peuples charmez fait souhaiter ses loix.
On ne peut nombrer ses exploits :
La Renommée elle-mesme
S'est veuë en peine avecque ses cent voix.

A iij

Quand des Amans on fuit le tendre hommage,
Sçait-on joüir des droits de sa beauté?
Quels sont les biens que gouste un cœur sauvage?
Doit-il vanter sa triste liberté?
Que de plaisirs il perd dans le bel âge!
Qu'un jour ce temps sera bien regreté!

FIN DU PROLOGUE.

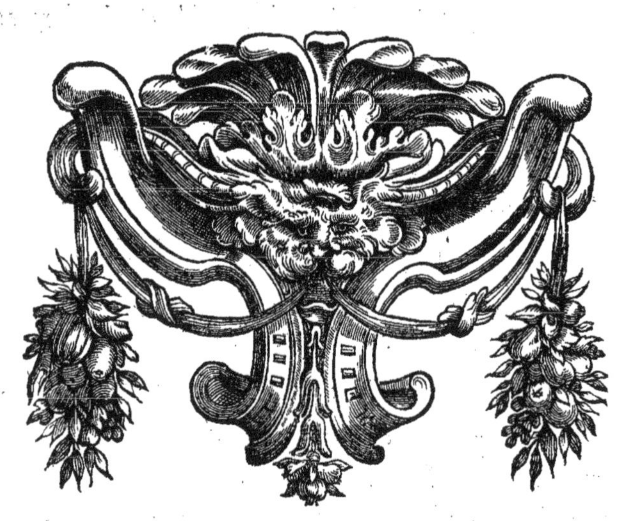

PREMIER INTERMEDE.

L'AMOUR vient s'applaudir de la Victoire qu'il a remportée sur le Maistre des Dieux en le rendant amoureux d'une Mortelle.

L'AMOUR & VENUS, suivis des Plaisirs & des Jeux.

VENUS.

Celebrez de l'Amour la Victoire nouvelle,
Chantez sa gloire immortelle.

CHOEUR.

Célebrons de l'Amour la Victoire nouvelle,
Chantons sa gloire immortelle.

L'AMOUR.

Que Jupiter vante à mes yeux
Son pouvoir redouté des hommes & des Dieux :
De ses mains, quand je veux, j'arrache le tonnerre,
Il quitte les Cieux pour la terre,
Et trouve dans mes fers son destin glorieux.

CHOEUR.

Célebrons de l'Amour la Victoire nouvelle,
Chantons sa gloire immortelle.

B

UN PLAISIR.

Réſiſter à l'amour eſt une triſte gloire.
En vain d'un fier orgueïl on croit ſe faire honneur :
'Pour un jeune cœur
La défaite vaut mieux cent fois que la victoire.

VENUS.

La jeuneſſe
Sans tendreſſe
Eſt un Printemps ſans fleurs.
Gardez-vous bien de traiter de foibleſſe
Les amoureuſes langueurs.
La jeuneſſe
Sans tendreſſe
Eſt un Printemps ſans fleurs.
A l'Amour il faut ſe rendre,
Cedez luy ſans attendre,
Pour gouſter plus long-temps ſes douceurs.
La jeuneſſe
Sans tendreſſe
Eſt un Printemps ſans fleurs.

TROIS PLAISIRS.

Si vous croyez toûjours une fierté cruelle,
Vous vous épargnerez des ennuis, des ſoupirs :
Si vous voulez croire un Amant fidelle,
Vous gouſterez les plus charmans plaiſirs.

UNE GRACE.

Toucher une Beauté que ſa propre douceur

Conduit aux sentimens qu'on veut luy faire prendre,
C'est un triomphe aisé qu'on doit tout au bonheur :
Mais desarmer un cœur
Qui des traits de l'Amour s'est toûjours sçeû défendre,
C'est vaincre avec honneur

VENUS.

Au pouvoir de l'Amour rendez, rendez les armes.

UN PLAISIR.

Rien ne peut, rien ne doit résister à ses coups.

VENUS & UN PLAISIR.

Dans son Empire plein de charmes
Il est des momens moins doux :
Mais les plaisirs ailleurs ne valent pas ses larmes.

VENUS.

Vostre gloire en cedant doit estre sans allarmes.

UN PLAISIR.

Il a soumis des Cœurs
Qui n'ont point eû d'autres vainqueurs.

VENUS & UN PLAISIR.

Au pouvoir de l'Amour rendez, rendez les armes.

L'AMOUR.

Amans, si l'orgueïl de vos belles
Semble d'abord à vos ardeurs fidelles
Ne promettre pour fruit que de tristes regrets,
Ne vous lassez point de vos chaisnes.

DEUXIE'ME INTERMEDE.

MERCURE amene des Muſiciens & des Dan-
ſeurs veſtus en Bergers & en Faunes pour la
Feſte que Jupiter fait préparer aux Officiers de l'ar-
mée en ſuite de ſon raccommodement avec Alc-
mene.

MERCURE.

MEſſieurs, c'eſt icy qu'à loiſir
Vous pouvez préparer voſtre galante Feſte,
Qui du Feſtin, qu'on appreſte,
Doit achever le plaiſir.
Que vos jeux animez par le Dieu des bouteilles
Charment les yeux & les oreilles,
Et dans vos chants célebrez, tour à tour,
Le Dieu du Vin, & celuy de l'Amour.

BERGER CONSTANT.

Aimable liberté, charme d'un cœur tranquile,
Un Amant malheureux trouve en toy ſon aſile:
Nul chagrin ſous tes loix ne le fait murmurer;
Et moy dans les plus rudes chaiſnes,
Accablé de mille peines,
Je meurs ſans te pouvoir ſeulement deſirer.

BERGER INCONSTANT.

De tels mortels chagrins je plains la violence :
Pour t'en guerir éprouve l'inconstance.

Qu'un inconstant est heureux !
  Que sa Bergere
 Soit ingrate, ou legere,
Il n'en a point de momens plus fascheux.
 Qu'un inconstant est heureux !
 S'il se trouve mal dans sa chaisne,
 D'abord il en brise les nœuds,
Et consolé d'un sort qu'il répare sans peine,
En va chercher ailleurs une selon ses vœux.
 Qu'un inconstant est heureux !

BERGER CONSTANT.

Iris est insensible à mon amour fidelle :
Mais je ne puis aimer qu'elle.

UN FAUNE.

Méprise les conseils de cét Amant volage,
De son aveuglement tu dois te garantir :
 Changer d'esclavage,
 Ce n'est pas en sortir.

LES FAUNES.

 Changer d'esclavage,
 Ce n'est pas en sortir.

DEUX FAUNES.

Pour guerir ton chagrin
Ne cherche que le Dieu du vin.
Fais ton afile d'une treille :
C'est-là que tu te peux fauver.
L'Amour ne t'y viendra trouver,
Que pour partager ta bouteille.

BERGER CONSTANT.

Iris est infenfible à mon amour fidelle :
Mais je ne puis aimer qu'elle.

BERGER INCONSTANT.

Essaye, essaye une fois
Les plaifirs d'un cœur volage.

LES FAUNES.

Suy Bacchus, comme nous, fuy fes aimables loix.

LE BERGER INCONSTANT & UN FAUNE.

Tu changeras bientoft de fort & de langage.

LE BERGER CONSTANT.

Ah, fi vous connoifsiez la Beauté que je fers,
Vous partageriez mes fers !

LE BERGER INCONSTANT.

Fay veû cette Beauté qui fe rit de tes peines,
Cependant fes appas ne peuvent rien fur moy.

LE

LE BERGER CONSTANT.

Il faut donc qu'un rocher soit plus tendre que toy.

LE BERGER INCONSTANT.

Non : mais une beauté qui n'offre que des chaisnes
N'aura jamais ma foy.

UN FAUNE.

Bacchus ne défend pas d'aimer.
De beaux yeux quelquefois ont bien sçeû me charmer :
Mais quand l'Amour devient trop puissant sur mon ame,
Je mets une bouteille audevant de ses coups,
Et le vin dans mon cœur, pour moderer sa flame,
Allume un feu plus doux.

LES FAUNES.

Vive le Dieu du vin, vive son doux empire :
Ses charmantes douceurs
Ne coustent point de pleurs.
On possede aussitost tout ce que l'on desire.
Vive le Dieu du vin, vive son doux empire.

LE BERGER CONSTANT.

Un seul regard d'Iris mesme severe
Vaut à mon cœur les plaisirs les plus doux.
Si ce regard estoit desarmé de colere,
Grands Dieux, de mes transports je vous rendrois jaloux.

C

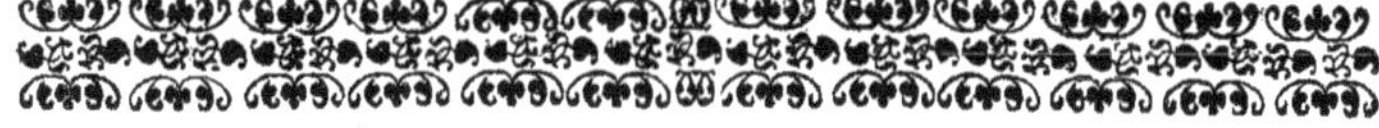

DERNIER INTERMEDE.

LES Thebains expriment par leurs chants & par leurs danſes la joye qu'ils ont que leur Ville ait eſté honorée de la preſence du Maiſtre des Dieux.

CHOEUR DE THEBAINS.

JUpiter pour ces lieux
Quitte le ſejour des Dieux.

DEUX THEBAINS.

De ce grand jour gardons bien la memoire,
Que l'encens en tous lieux fume ſur nos autels.

CHOEUR DE THEBAINS.

Que le reſte des mortels
Soit jaloux de noſtre gloire.

DEUX THEBAINS.

Ces lieux ont pour luy des appas
Qu'au Ciel il ne trouvoit pas.

DEUX THEBAINS.

Concevons un bonheur ſupréme
Sur le charmant eſpoir qu'il nous donne luy - meſme.

UN THEBAIN.

Tremblez, ennemis jaloux :
Il va naiſtre parmi nous
Un Heros dont les faits doivent remplir la terre.
Vous reconnoiſtrez à ſes coups
Le fils du Maiſtre du Tonnerre.
Tremblez ennemis jaloux.

Un Thebain commence un Dialogue qu'il adreſſe à
des Dames Thebaines.

UN THEBAIN.

JEunes Beautez, dont les rigueurs extrémes
Sont tout le fruit de nos ardeurs,
Voyez condamner vos cœurs
Par l'exemple des Dieux meſmes.
Eſt-il honteux
De bruſler de leurs feux ?

UNE DAME THEBAINE.

Les Dieux aux tranſports amoureux
Peuvent trouver des charmes.
Tous les plaiſirs ſont faits pour eux :
Ils n'ont point dans leurs vœux
De cruelles allarmes.
Ce n'eſt point aux Mortels jaloux
D'eſperer un ſort ſi doux.

UN THEBAIN.

Quittez une erreur si vaine :
Les Dieux, en prenant une chaisne,
Ne sont pas exempts des soupirs.
Un peu de peine
Fait mieux gouster les plaisirs.

DAME THEBAINE.

Il n'est point de tourment cruel,
Qui puisse mettre à bout leur courage immortel :
Mais de ma fermeté mon ame se défie.
J'ay veû de cent beautez le malheur éclatant :
S'il m'en arrivoit autant,
Ce seroit fait de ma vie.

DEUX DAMES THEBAINES.

Fuyons, fuyons l'Amour, craignons ce Dieu trompeur ;
On ne peut contre luy garder trop bien son cœur.

UN THEBAIN.

Si la crainte des soupirs
Vous fait fuïr les plaisirs
Où le bel âge vous convie,
D'un Amant éprouvé faites un heureux choix.
Pour suivre de si douces loix,
Ce vous sera trop peu que toute vostre vie.

LES THEBAINS ensemble.

Aimez, jeunes Beautez, aimez ;
De vos fers, de vos feux, vos cœurs seront charmez.

DAME THEBAINE.

Il est trop malaisé de faire un choix heureux.

DAME THEBAINE.

Tout est plein aujourd'huy de trompeurs dangereux.

DAME THEBAINE.

On ne les connoist plus. Ils ont tous le langage
Des cœurs bien amoureux.

DEUX DAMES THEBAINES.

Gardons, gardons toûjours une fierté sauvage,
Il est trop malaisé de faire un choix heureux.

UN THEBAIN.

Il est des Amans infidelles :
Mais risquons - nous moins
En vous offrant nos soins ?
Les feintes aux cœurs des belles
Sont - elles moins naturelles ?

DEUX THEBAINS.

Aimons, aimons. Que nulle crainte
N'empesche de nous engager.

SECOND COUPLET.

Nos beaux ans
Sont faits pour la tendresse,
Nos beaux ans
Ne durent qu'un Printemps.
Aimons, aimons. Si c'est une foiblesse,
Pour estre sage, on n'a que trop de temps.

Fin du dernier Intermede.